RHEINHAUSEN

BERGHEIM, FRIEMERSHEIM, HOCHEMMERICH, RUMELN-KALDENHAUSEN

Im Jahr 1928 wurde das „Hansa Hotel" an der Ecke Krefelder Straße / Friedrich-Alfred-Straße abgelichtet. In früheren Zeiten gehörte es zu den renommierten Häusern der Stadt. Man erkennt die Schienen und die Oberleitung der alten Straßenbahnlinie 2, die von Friemersheim kommend über Homberg nach Ruhrort fuhr. Später befand sich hier das Zentralkaufhaus.

Zeitzeugenbörse Duisburg e. V.

Die Reihe Archivbilder

RHEINHAUSEN

BERGHEIM, FRIEMERSHEIM,
HOCHEMMERICH, RUMELN-KALDENHAUSEN

SUTTON VERLAG

Von Osten her blicken wir im Jahr 1916 auf die damalige Oberschule. Eine höhere Schule war notwendig geworden, nicht zuletzt im Interesse der Hüttenwerke, die laut Satzung von 1913 ein Drittel der Unterhaltskosten für die neue Schule trugen. Der Bau des imposanten Schulgebäudes mit angegliedertem Wohnhaus des Direktors wurde 1915 beantragt, und im Juli 1916 war der Rohbau fertiggestellt. Nachdem 1924 die Realschule für Jungen zur Oberrealschule mit Abitur erweitert worden war, begann man mit einem Neubau an der Schwarzenberger Straße. Im Gebäude am Körnerplatz verblieb bis 1932 das Lyzeum für Mädchen. Das frei gezogene Schulhaus wurde im Jahr 1935 zu Büros der Gemeindeverwaltung umgebaut und war seitdem das Rathaus der Stadt.

Sutton Verlag GmbH
Hochheimer Straße 59
99094 Erfurt
www.suttonverlag.de

Copyright © Sutton Verlag, 2013
ISBN: 978-3-95400-152-1
Druck: Florjančič Tisk d.o.o. / Slowenien

INHALTSVERZEICHNIS

Danksagung		6
Einleitung		7
1	Aus der bäuerlichen Vergangenheit	9
2	Die Industrie hält Einzug	21
3	Firmen und Geschäfte	33
4	Rheinhausen wird Stadt	43
5	„Drittes Reich" und Zweiter Weltkrieg	61
6	Wiederaufbau und Neubau des Stadtkerns	71
7	Kirchen und Schulen	89
8	Vereine und Vereinigungen	97
9	Gaststätten und Kneipen	105
10	Straßenbahn, Eisenbahn und Bahnhöfe	113
11	Ereignisse und Begebenheiten	121

DANKSAGUNG

Die historischen Aufnahmen und Postkarten stammen u.a. aus den Sammlungen von Reinhold Stausberg und Harald Molder.

Reinhold Stausberg sammelt seit über 20 Jahren Ansichtskarten und Postkarten. Sein Bestand beläuft sich auf über 10.000 zumeist historische Exemplare. In derselben Zeit bannte er viele tagesaktuelle Motive auf das Fotopapier.

Harald Molder beschäftigt sich seit 35 Jahren mit der Stadtgeschichtsforschung und hat rund 30.000 Exponate in seiner Sammlung. Er ist Vorsitzender des Vereins Zeitzeugenbörse Duisburg.

Ebenso konnte Andre Sommer von der Zeitzeugenbörse Duisburg einige schöne Erinnerungen an das alte Rheinhausen für dieses Buch beisteuern.

Mit Informationen über Rheinhausen sowie mit Rat und Tat standen uns Klaus de Jong, Karsten Vüllings und Melanie Patten bei der Erstellung des Buches zur Seite.

Helmut Colombo und Hans Jürgen Lück sind Zeitzeugen des Krupp-Arbeitskampfes und konnten zu diesem Kapitel der Rheinhauser Geschichte einen Beitrag leisten.

EINLEITUNG

Rheinhausen war bis zum Jahr 1975 eine kreisangehörige Stadt des Kreises Moers. Erst die kommunale Gebietsreform in Nordrhein-Westfalen, die am 1. Januar 1975 ihren Abschluss fand, machte aus der 1934 gegründeten Stadt den heutigen Duisburger Stadtbezirk Rheinhausen mit den Stadtteilen Rumeln-Kaldenhausen, Schwarzenberg, Hochemmerich, Asterlagen, Bergheim, Trompet, Oestrum, Friemersheim und Rheinhausen-Mitte.

Bis in die Römerzeit lassen sich Siedlungsspuren in Rheinhausen nachweisen. Die alte Römerstraße am linken Niederrhein verlief am Rande Rheinhausens – Überreste einer römischen Wachstation wurden gefunden. Reste des Außenlagers „Asciburgium" findet man an der Stadtgrenze zu Moers. Die Ortsteile Hochemmerich und Friemersheim wurden um 900 urkundlich erwähnt, und zwar als „Kirchdorf Hochemmerich" und „Herrlichkeit Friemersheim". Zu Beginn des 9. Jahrhunderts schenkte Karl der Große Friemersheim dem Kloster Werden. Hochemmerich gehörte zur Grafschaft Moers. Friemersheim wechselte im 14. Jahrhundert den Besitzer, da die Bewohner der Grafschaft Moers bereits in der Mitte des 16. Jahrhunderts protestantisch wurden.

Einen großen Anteil an der Entwicklung der bis dahin bäuerlich geprägten Orte hatte das Aufkommen der Industrie Ende des 19. Jahrhunderts. An erster Stelle ist natürlich das Hüttenwerk Rheinhausen zu nennen, das Ingenieur Gisbert Gillhausen auf Initiative von Friedrich Alfred Krupp im Jahre 1896 plante. Am 18. Dezember 1897 wurden die ersten Hochöfen angeblasen, und bis 1914 galt das Werk als das größte Europas. Zur Produktpalette gehörten Schienen, Stab- und Profilstahl, Halbzeug, Schwellen und Walzdraht. Hinzu kamen zwei Zechen: Diergardt in Asterlagen und Mevissen in Bergheim. Der Wandel vom Bauerndorf zur Industriegemeinde wird in diesem Buch eindrucksvoll gezeigt.

Es begann eine Zeit der wirtschaftlichen Blüte der Stadt und ihrer Vorgängergemeinden. Das Dorf Bliersheim verschwand mit Ausnahme der Beamtenvillen völlig unter dem Krupp-Gelände. Ende des 19. Jahrhunderts gab es ca. 5.000 Einwohner in den Gemeinden. Zu Beginn des Zweiten Weltkrieges zählte die Stadt rund 46.000 Einwohner. Sie waren in mehreren Schüben vor allem aus dem oberschlesischen Bergbaugebiet gekommen, um in den Zechen und im Krupp-Hüttenwerk Arbeit zu finden.

Die sich immer weiter entwickelnde Gemeinde war eine lukrative Einnahmequelle für viele Geschäftsleute und Gewerbetreibende, denen ebenfalls ein Kapitel gewidmet ist.

1934 wurden Rheinhausen die Stadtrechte verliehen und die Stadt gehörte nun zum Kreis Moers. Rumeln und Kaldenhausen bildeten eine eigene Gemeinde. Die Stadt wuchs stetig heran.

Rheinhausen stand als Industriestandort ganz im Zeichen des Nationalsozialismus. Eine Ortsgruppe der NSDAP wurde im Juli 1926 gegründet. Am 5. März 1945 endete die nationalsozialistische Herrschaft durch den Einmarsch amerikanischer Truppen. An diesen Zeitabschnitt erinnern wir ebenso wie an den Wiederaufbau in der Nachkriegszeit.

Nach dem Zweiten Weltkrieg war die Einwohnerzahl auf 40.000 gesunken. Die Stadt wurde Teil der britischen Besatzungszone und am 13. Februar 1946 trat die von den Alliierten eingesetzte Stadtverordnetenversammlung erstmals wieder zusammen.

Doch war Rheinhausen lange eine Stadt ohne Stadtzentrum. Die meisten Geschäfte gab es in Hochemmerich. Mit dem Wiederaufbau zerstörter Gebäude ging die Errichtung eines neuen Stadtkerns auf freiem Feld zwischen Hochemmerich, Friemersheim und Bergheim einher. Mitte 1966 lebten 73.424 Menschen in Rheinhausen: Dieser Höchststand sank bis 1974 auf 68.500. 16.000 Arbeiter waren in den 1960er-Jahren noch bei Krupp beschäftigt.

Bis Anfang der 1970er-Jahre entstanden viele soziale Einrichtungen, darunter Jugendzentren, Altentagesstätten, Kindergärten, Freibäder, ein Hallenbad, eine Sporthalle und die Rheinhausenhalle. Der Volkspark wurde als „grüne Lunge" der Stadt angelegt und der Toeppersee als Freizeitgelände eingerichtet.

Am 1. Januar 1975 wurde Rheinhausen schließlich ein Duisburger Stadtteil. Zusammen mit der Gemeinde Rumeln-Kaldenhausen ist Rheinhausen zugleich ein Stadtbezirk von Duisburg. Die Bevölkerung wuchs stetig und die aufsteigende Schwerindustrie zog nun auch Menschen aus den alten deutschen Ostgebieten und später auch Gastarbeiter aus Südeuropa an, insbesondere aus der Türkei. Rumeln-Kaldenhausen sorgte mit relativ viel Bauland dafür, dass der Stadtteil Rheinhausen eine recht gute Einwohnerbilanz bekam.

Ein weiteres Kapitel widmet sich der Geschichte der Kirchen und Schulen in Rheinhausen. Seit dem Dreißigjährigen Krieg waren die Gemeinden calvinistisch-protestantisch orientiert. Kaldenhausen blieb katholisch. Mit den Einwanderern aus Oberschlesien kamen weitere Katholiken dazu. Die Kinder besuchten früher die Dorf- und Volksschulen. Heute gibt es Grund- und Hauptschulen sowie mehrere Gymnasien, Realschulen und eine Gesamtschule im Stadtbezirk. Für die berufliche Bildung steht das Willy-Brandt-Berufskolleg.

Dass in Rheinhausen zahllose Vereine und Vereinigungen den Alltag bestimmten, wundert nicht. Alleine diesen könnte ein eigenes Buch gewidmet werden. Hier kann nur ein kleiner Ausschnitt aus dem vielfältigen Vereinsleben gezeigt werden.

Die Hüttenmänner und Zechenkumpel hielten sich nach getaner Arbeit oft in den Gaststätten und Kneipen der Orte auf. Neben den großen Gaststätten mit ihren Festsälen gab es zahllose Restaurationen an den Landstraßen und dörfliche Fuhrmannskneipen. Auch hier kann nur ein kleiner Eindruck vermittelt werden.

Im Kapitel über Straßenbahn, Eisenbahn und Bahnhöfe soll an die Zeit der 1909 eröffneten Straßenbahnlinie von Homberg nach Friemersheim erinnert werden, die in den 1950er-Jahren von elektrisch betriebenen Oberleitungsbussen abgelöst wurde. Wir blicken zudem auf die Eisenbahnlinien, die Bahnhöfe, die Eisenbahnbrücke und das Eisenbahn-Trajekt nach Duisburg.

Das letzte Kapitel gibt einen kleinen Überblick über Ereignisse und Begebenheiten in Rheinhausen, wobei insbesondere der Arbeitskampf um das Krupp-Hüttenwerk bundesweit bekannt wurde. Die Fotos in diesem Buch können wahrlich nur einen kleinen Eindruck von der wechselvollen Geschichte der früheren Stadt Rheinhausen vermitteln, die auch heute noch ein lebendiger Bezirk in der Stadt Duisburg ist.

1
AUS DER BÄUERLICHEN VERGANGENHEIT

Das Stadtgebiet von Rheinhausen blieb bis zum Ende des 19. Jahrhunderts bäuerlich. Durch den Zuzug tausender Menschen nach dem Bau des Krupp'schen Hüttenwerks veränderte sich nicht nur die traditionelle Lebensart, sondern auch die Landschaft. Hier und da sah man nach dem Krieg noch alte Höfe der bäuerlichen Vergangenheit, wie den 1477 zum ersten Mal erwähnten Höschenhof in Bergheim, hier am 28. Juli 1950. Den Namen erhielt er nach Einheirat in die Familie. Zuvor hieß er Fusten Hof. Die Ländereien kaufte u.a. die Zeche Diergardt Mevissen auf.

Die Landwirtsfamilie Büteführ zeigt diese um 1905 entstandene Aufnahme. Während die Familie sich im Sonntagsstaat dem Fotografen präsentierte, sind im Hintergrund die ersten Vorboten der Industrie zu erkennen.

Eine Erntegemeinschaft in Asterlagen, um 1930. Das Heu wurde von Hand auf die großen Wagen gehoben und von den „Hafermotoren" eingefahren. Bodenfunde (u.a. ein vermutlich 2.000 Jahre alter Holzpflug) belegen eine frühzeitliche Besiedelung in Asterlagen. Das Gebiet zwischen Rheinhausen und Homberg war seit jeher von der Landwirtschaft geprägt. Heute befindet sich im Asterlager Bruch der Businesspark Niederrhein, der mit über 270.000 Quadratmetern „Arbeiten im Park" bietet.

Das Haus Elven in Kaldenhausen hatte schon etwas Hochherrschaftliches. Es war Zeichen einer Zeit, in der die landwirtschaftlichen Erträge solch beeindruckende Bauwerke ermöglichten. Rumeln-Kaldenhausen liegt im Südwesten von Duisburg, an den Grenzen zur Stadt Moers im Kreis Wesel und der Stadt Krefeld.

Rittergut Preut in Kaldenhausen. Wir blicken in die Zufahrtsallee, über die Brücke und den Burggraben auf das auch Haus Kaldenhausen genannte alte Herrenhaus. Die erste Erwähnung stammt von 1454. Die Familie Preut war ein kölnisches Geschlecht, das bis zur Mitte des 17. Jahrhunderts als Besitzer der Anlage nachgewiesen ist. Im November 1673 wurde Reinhardt von Preut hier von einem französischen Soldaten erschossen. Damit war das alte Rittergeschlecht Proyt (Proyten, Preuten) im Mannesstamm erloschen.

Der Borgschenhof kann ebenfalls auf eine jahrhundertealte Geschichte zurückblicken, denn als im Jahre 1672 Ludwig XIV. gegen Holland zog, schlug dieser auf dem Borgschenhof sein Hauptquartier auf. Der Herzog von Luxemburg wohnte in Rumeln. In Massen ließ er die Obstbäume abschlagen und verbrennen, obwohl große Eichen- und Buchenwaldungen im nahen Mühlenwinkel vorhanden waren.

Das norddeutsche Schwarzbunte fand man rund um den Borgschenhof. Diese Art war typisch für den Niederrhein. Die schwarz-weiß gescheckten Tiere gelten als das beste Milchvieh der Welt. Alte Rheinhauser erinnern sich gerne an ihre Kindheit, als sie an St. Martin dort singen gingen und es vom Bauer Köhnen ein bis zwei dicke Schmalzstullen gab. Das sprach sich schnell in der ganzen Siedlung herum und für einen Abend wurden viele Kinder satt gemacht.

Der Werth'sche Hof in Friemersheim ist noch heute ein letztes Zeugnis der Vergangenheit. Das Jagdschloss der Grafen von Moers war um 1487 erbaut worden, mit Türmen an allen vier Ecken. Davon erhalten ist ein dreistöckiger, achtseitiger Turm mit niedrigem achtseitigem Pyramidendach. Noch heute zeugt das Gebäude von mittelalterlicher Herrlichkeit im heutigen Gebiet des Stadtbezirks Rheinhausen.

Bauernkotten von Steinhoff in Bergheim in der Nähe des Wasserturm, um 1910. Viele „Kötter" hatten sich auf der fruchtbaren niederrheinischen Scholle niedergelassen. Im gesamten Gebiet des heutigen Stadtteiles gab es solche Kotten, die an eine vor über 2.700 Jahren begründete Bestellung der Landschaft anknüpften. Erst vor wenigen Jahren fand man über 140 Grabstellen aus der Eisenzeit, Spuren aus der Kaiserzeit, aber auch des Frühmittelalters.

Gutshof von Hülsermann an der Deichstraße in Hochemmerich, um 1925. Besitzer war seit 1571 die Familie Lenzen. Ein architektonisch ansprechendes und aufwendig gestaltetes Gebäude, das schon fast an ein kleines Schloss erinnerte. Die vermögenden Bauern der Umgebung zeigten auch nach außen hin ihren Wohlstand. Der Hof wurde später an einen Bauunternehmer verkauft.

In den Peschen in Bergheim stand das 1738 erbaute Haus Platzen, das wir hier vor seinem Abbruch im Jahr 1929 sehen. Um 1912 war es von einer Familie Kaiser gekauft worden. Auf dem landwirtschaftlich genutzten Gelände wurde später u.a. der Volkspark angelegt. Hier hat sich das Bild in den vergangenen Jahrzehnten merklich gewandelt.

Kloster Marienfelde in Rumeln. Während des Dreißigjährigen Krieges war das Ländchen Moers neutral. 1642 zogen französische und hessische Truppen plündernd und brandschatzend durch die Grafschaft. Das 1472 gegründete Kloster ging in Flammen auf. Nach wenigen Jahren konnte dank Geld aus Kollekten ein neues Kloster gebaut werden.

Verschwunden ist das Gehöft von Hammacher-Scholl an der Deichstraße 108 / Ecke Rheinstraße, hier in den 1930er-Jahren zu sehen. Wie an vielen Stellen im Stadtgebiet fielen die alten Häuser, die den Krieg überlebt hatten, der Bauwut der letzten Jahrzehnte zum Opfer und wurden abgerissen. Erst spät setzte sich der Wunsch des Erhalts durch und die letzten Relikte der bäuerlichen Vergangenheit stehen heute unter Denkmalschutz.

Die alte Scheune von Achterberg an der Deichstraße in Hochemmerich, um 1925. Die Familie Achterberg war eine alteingesessene und bodenständige Familie im alten Dorf. Bis in das 17. Jahrhundert reichen die Wurzeln zurück. Auch dieser Hof verschwand im Zuge der Stadtwerdung von Rheinhausen.

Das Haus Heck in Kaldenhausen, um 1935. Auch der Ort Kaldenhausen hat sich im Laufe der Jahrzehnte von einem landwirtschaftlich geprägten Dorf zum Wohnstandort entwickelt. Insbesondere nach der Gebietsreform im Jahr 1975 entstanden auf den Feldern des Ortes große Wohngebiete.

Auf dieser um 1935 entstandenen Aufnahme erkennt man den ehemaligen Steinhaus Hof am Damm in Friemersheim, später Großterlinden. Er wurde im Zweiten Weltkrieg zerstört. Friemersheim hatte, wie auch Rheinhausen und die gesamte Stadt Duisburg, unter den Auswirkungen des Luftkrieges zu leiden.

Im Winter 1929 sehen wir hier noch einmal den Höschenhof in Bergheim. Eine weiße Idylle bot sich dem Betrachter. Der Hof wurde nach dem Krieg für den Neubau des Naturwissenschaftlichen Gymnasiums abgebrochen. Heute erinnert nur noch die Höschenstraße an den alten Hof und die alteingesessene Familie.

Die alte Scheune von Kersken an der Ecke Rheinstraße und Hochemmericher Straße sehen wir hier um 1932. Der Hof wurde bereits um 1480 erwähnt. Auch die Scheune ist mittlerweile Geschichte. Die Familie Kersken verkaufte nach und nach ihre Ländereien. Die Wahlpropaganda der Deutschnationalen auf der Scheunenwand zeugt von den politischen Unruhen im Vorfeld des „Dritten Reiches".

Der Hof Köhnen in Friemersheim im Mai 1929. Er lag am Beginn der Friemersheimer Straße und hieß früher auch Tollmannshof. Friemersheim gehört zu den ältesten Ansiedlungen der ehemaligen Grafschaft Moers. Davon zeugen Grabfunde des 6./7. Jahrhunderts im Bereich der Rheingoldstraße.

Haus Rheineck, das wir hier um 1925 sehen, hieß im Volksmund auch Burg oder Schloss Rheineck. Es war 1887 als Restauration in den Winterdeich hineingebaut worden. In der mittleren Etage wohnte früher die Familie Grözinger. Die Umgebung war lange ländlich geprägt. In den 1950er-Jahren wurde das markante Gebäude abgerissen, denn Krupp brauchte mehr Platz für sein neues Walzwerk. Der Tümpel im Vordergrund blieb nach einem Hochwasser zurück.

Inmitten der Baumblüte ist im Mai 1929 sehr schön die Windmühle in Friemersheim an der Bachstraße zu sehen. In ihrem ursprünglichen Zustand war sie bis zu ihrer Zerstörung ein Wahrzeichen des Ortes. Der Wiederaufbau nach dem Krieg war eher schlicht. Ein Jugendzentrum wurde in dem alten Zeugnis niederrheinischer Kultur eingerichtet, das 2012 sein 60-jähriges Bestehen feiern konnte.

2

DIE INDUSTRIE HÄLT EINZUG

Dieses Foto, das auch die Titelseite des Buches ziert, zeigt deutlich den Wandel von der früheren landwirtschaftlichen Nutzung zur Industriestadt. Während der Bauer vorn noch die Heuernte einfährt, zeugen die Hochöfen der Firma Krupp, die Ende des 19. Jahrhunderts eine Zeit der wirtschaftlichen Blüte für die spätere Stadt Rheinhausen anbrechen ließ, vom bevorstehenden industriellen Aufbruch. Ende des 19. Jahrhunderts hatten die Vorgängergemeinden ca. 5.000 Einwohner, zu Beginn des Zweiten Weltkriegs zählte die Stadt Rheinhausen rund 46.000 Einwohner. In den 1960er-Jahren fanden bis zu 16.000 Menschen Arbeit bei Krupp.

Auf Initiative Friedrich Alfred Krupps nahm Ingenieur Gisbert Gillhausen 1896 die Planungen für das Hüttenwerk Rheinhausen (Friedrich-Alfred-Hütte) auf. Bereits am 18. Dezember 1897 wurden die ersten Hochöfen angeblasen. Einen Eindruck von der Größe der Industrieanlagen gibt das Luftbild aus den 1920er-Jahren.

Den Rheinhauser Rheinhafen für Kohle- und Eisenerztransporte errichtete die Firma Krupp 1897 südlich der Eisenbahnbrücke direkt am Werksgelände. Der dritte Hochofen wurde am 28. November 1898 angeblasen und die erste Ausbaustufe war vollendet. Die Hochöfen hatten je 400 Kubikmeter Inhalt und konnten 200 Tonnen Roheisen produzieren.

Auf Initiative Friedrich Alfred Krupps starteten 1893 die Planungen für das neue Hüttenwerk. Für Rheinhausen sprachen seine Lage am Niederrhein, die Eisenbahnverbindungen und die Kohlebergwerke. Der Leiter des technischen Büros Gisbert Gillhausen projektierte 1894 die hier 1920 zu sehende Hochofenanlage mit fünf Öfen, ein Thomaswerk mit drei Konvertern, ein Blockwalzwerk, eine Schienen-, Schwellen- und Knüppelstraße und Nebenanlagen.

Abseits der Arbeitersiedlungen ließ Krupp um 1900 in der früheren Ortschaft Bliersheim eine Beamtensiedlung errichten. Zur Villenkolonie gehörte ferner das zwischen 1903 und 1910 an der Bliersheimer Straße erbaute „Beamten Kasino", das als Restaurant für leitende Angestellte und zur Bewirtung der Gäste diente. Seit 2006 wird es als Restaurant und Veranstaltungszentrum genutzt.

Das „Kruppsche Schlafhaus", um 1907. Da erst seit 1903 eigene Wohnsiedlungen wie die Margarethensiedlung gebaut wurden, mussten für die ersten Arbeiter der Hütte Schlafgelegenheiten eingerichtet werden, wozu auch das Schlafhaus gehörte.

Verwaltungsgebäude auf dem Werksgelände. Nach dem Ersten Weltkrieg durch belgische Truppen besetzt, kam die Produktion im Werk von Oktober 1923 bis Mitte Januar 1924 wegen Plünderungen als Folge der Ruhrbesetzung zum Stillstand. Wegen Rohstoffmangels war sie jahrelang erheblich eingeschränkt, massiv auch ab 1929 aufgrund der Weltwirtschaftskrise. Bis Ende 1930 waren nur noch zwei Hochöfen in Betrieb.

Foto vom Erzlager, um 1928. Im Ausbau während des Ersten Weltkrieges hatte das Werk zehn Hochöfen, zwei Schachtöfen, zwei große Kupolöfen, das Thomasstahlwerk mit sechs Konvertern, zwei Martinstahlwerke mit zusammen acht Öfen und das Walzwerk, außerdem eine Eisenbauwerkstätte für Brücken- und Eisenhochbauten, aus der eine eigenständige Firma (Fried. Krupp Maschinen- und Stahlbau) hervorging.

Ein Siemens-Martin-Ofen hatte im Jahr 1900 mit dem Probebetrieb begonnen. Die Umstellung auf Thomasstahl folgte um 1905. Im gleichen Jahr begann die Produktion von Eisenbahnschienen. Ende 1913 wurde mit dem Bau eines zweiten Martinwerkes begonnen, das kippbare Öfen erhielt und das wir auf dieser Postkarte sehen.

1900 wurde das Thomasstahlwerk erbaut. Hier sehen wir eine Probennahme aus einem der Konverter. Das war harte Knochenarbeit an der über 1.000 Grad heißen „Flamme". Bei den Blasverfahren wird das Roheisen mit Sauerstoff oder Luft gefrischt. Der Oxidationsprozess, der den Kohlenstoffanteil senkt, liefert in diesen Verfahren genug Wärme, um den Stahl flüssig zu halten. Bevor die Schmelze in Kokillen gegossen wurde, musste eine Probe genommen werden.

Im Thomasstahlwerk, 1935. Die Blasverfahren unterteilte man in Aufblasverfahren und Bodenblasverfahren (wie Bessemer- und Thomasverfahren, heute ohne Bedeutung). Fast alle deutschen Hüttenwerke nahmen seit Anfang der 1880er-Jahre Versuche in stillgelegten Bessemer-Konvertern auf. Thomasstahl diente der Fertigung von Schienen, Profileisen und Blechen. Fast alle Stahlkonstruktionen der 1950er bis 1970er sind aus diesem Stahl gebaut.

Blick um 1935 auf ein Walzgerüst und eine Walzstraße im Blockwalzwerk bei Krupp: der glühende Stahlblock wurde „auf Maß" gewalzt. Tausende von Kilometern wurden hier im Laufe von fast hundert Jahren produziert. Berühmtheit erlangte das Krupp-Walzwerk am 20. Februar 1988, als in der riesigen Werkshalle das „Auf Ruhr"-Konzert mit 47.000 Menschen stattfand. Mit dabei waren unter anderem die Toten Hosen, Rio Reiser, Herbert Grönemeyer u.v.m.

Die Firma Krupp spielte eine wichtige Rolle für die urbane Entwicklung Rheinhausens: Sie baute eine Mustersiedlung für die Stahlarbeiter, die Margarethensiedlung. Um 1915 entstand dieses provisorische Krankenhaus zur Versorgung der Arbeiter und deren Familien. Später kamen eine Bücherei, Kindergärten und eigene Konsumanstalten hinzu.

Von der Wanheimer Rheinseite war der Blick auf die Friedrich-Alfred-Hütte beeindruckend. Auf der um 1935 entstandenen Aufnahme hebt sich der helle Rheindampfer wunderbar vor der Industriekulisse ab. Seit Sommer 1941 führten die Luftangriffe der Alliierten zu Einschränkungen in der Produktion der Hütte. Viele Kriegsgefangene und Zwangsarbeiter waren hier eingesetzt.

Das Hüttenwerk bei Nacht, 1950er-Jahre. Mit dem Einmarsch der amerikanischen Truppen am 5. März 1945 endete hier die Produktion bis zum 17. April 1945 und begann wieder unter alliierter Aufsicht am 26. November 1945 mit dem Anblasen eines Hochofens. Am 29. September 1947 wurde das Hüttenwerk Rheinhausen aus dem Krupp-Konzern entflochten und von der Liste der Reparationen gestrichen. Am 10. Juni 1954 wurde es aus der Kontrolle der Alliierten entlassen und gehörte seit 1961 formell wieder zum Krupp-Konzern.

Auf dem Gebiet der Stadt Rheinhausen existierten zwei Zechen. Von 1910 bis zum 31. Oktober 1967 wurde die Zeche Diergardt in Asterlagen betrieben. Hier blicken wir in die Asterlagerstraße mit der Diergardt-Zechensiedlung und der Zeche Diergardt rechts im Hintergrund. Die „Kumpel" waren in mehreren großen Schüben, vor allem aus dem oberschlesischen Bergbaugebiet, hierhin gezogen, um in den Zechen Diergardt und Mevissen Arbeit zu finden.

Nach erfolgreichen Probebohrungen wurde 1857 das Grubenfeld Diergardt in Rheinhausen verliehen und 1872 in drei Felder unterteilt: Diergardt in Rheinhausen-Asterlagen, Wilhelmine Mevissen in Bergheim-Oestrum und Fritz in Rumeln-Kaldenhausen. 1909 gründete sich die Gewerkschaft Diergardt, die 1910 an der Asterlager Straße mit dem Abteufen des Schachtes 1 (Carl Theodor) begann. Ferner wurde an der Essenberger Straße ein Wetterschacht geteuft. 1912 erreichten beide Schächte das Steinkohlengebirge und gingen noch im selben Jahr in Betrieb.

1927 schlossen sich die Gewerkschaft Diergardt und die Gewerkschaft der Zeche Wilhelmine Mevissen zur Diergardt-Mevissen Bergbau AG mit Sitz in Rheinhausen-Hochemmerich zusammen. Die beiden Schachtanlagen wurden als selbstständige Grubenbetriebe fortgeführt.

Gegen Ende des Zweiten Weltkrieges wurde die untertägige Verbindung (s.o.) erneut genutzt, da die Rheinbrücken zerstört oder von der Wehrmacht unbrauchbar gemacht worden waren. Ein Sprengversuch für diesen Durchschlag im Jahre 1945 misslang. Eine nachträgliche Bewertung der Lagerstätten führte bei der Diergardt-Mevissen AG zu dem Entschluss, das Baufeld Diergardt schrittweise aufzugeben. Zum 31. Oktober 1967 kam die Gesamtstilllegung von Diergardt 1 und 2 unter Abtretung der Restvorräte im Grubenfeld an die Zeche Wilhelmine Mevissen.

Durch Feldesteilung des 1857 gemuteten Grubenfeldes der Diergardt kam es 1872 zur Verleihung des Steinkohlenbergwerkes Wilhelmine Mevissen. 1912 begann die im gleichen Jahr gegründete Gewerkschaft Wilhelmine Mevissen in Rheinhausen-Bergheim mit dem Abteufen einer Doppelschachtanlage (Foto). Die Schächte erreichten bald das Karbon und nahmen 1913 und 1914 den Betrieb auf. Die Förderung an Anthrazitkohle betrug 600.000 Tonnen jährlich. Auf der Schachtanlage 1/2 entstand eine Brikettfabrik.

Im Jahre 1970 betrug die Jahresförderung auf der Schachtanlage Wilhelmine Mevissen rund 950.000 Tonnen Kohle. Da das verbliebene Grubenfeld starke geologische Störungen aufwies, wurde die Stilllegung der Zeche Mevissen beschlossen, was bis zum 30. Juni 1973 geschah. Die Schächte wurden verfüllt, die Anlagen abgebrochen. Auf dem Gelände der Schachtanlagen befinden sich heute Gewerbegebiete. Von den Nebenschächten ist keine Spur mehr zu finden. Die Beschäftigten fanden meist Arbeit bei der Firma Krupp.

3

FIRMEN UND GESCHÄFTE

An der Atroper Straße in Hochemmerich stand früher die „Villa Disko", in der der Besitzer des ehemaligen Sägewerkes Disko wohnte, das wir rechts erkennen. Das Haus steht noch heute gegenüber dem Hochemmericher Markt und dem neuen „Marktforum". Ein moderner Vorbau verhindert allerdings den Blick auf die schöne Fassade.

Eine weitere Ziegelei befand sich an der Friedrich-Ebert-Straße. Im April 1961 wurde hier die Ziegelei Stepken im Bild festgehalten, die ebenfalls wenig später dem Abbruchbagger zum Opfer fiel.

An der Moerser Straße in Hochemmerich gab es eine dritte Ziegelei. Die Firma Bergs hatte hier ihren Sitz. Der Absatz an Ziegeln war gerade in den Nachkriegsjahren sehr groß. Viele Häuser mussten wiederaufgebaut werden und Neubausiedlungen entstanden in allen Bereichen der Stadt und darüber hinaus. Hier sehen wir im April 1954 den Tankstellenneubau auf dem Gelände der Ziegelei – auch die Zahl der PKW nahm nach dem Krieg stetig zu.

Das Stadtgebiet blieb bis zum Ende des 19. Jahrhunderts bäuerlich. 1857 gründete Peter Schrooten in Bergheim am Flutweg die Dampfziegelei Schrooten, hier im Jahr 1925 zu sehen.

Nach 110 Jahren ihres Bestehens wurde die Ziegelei Schrooten 1963 stillgelegt und im August 1967 abgebrochen. Wir sehen sie hier kurz vor dem Abbruch. Der Bedarf an Ziegeln sank extrem, nachdem die Wiederaufbauarbeiten der Nachkriegsjahre sich ihrem Ende näherten. Heute steht auf dem Gelände der alten Ziegelei das Heinrich-Heine-Gymnasium.

An der Ecke Friedrich-Ebert-Straße / Karlstraße blicken wir im Juli 1956 auf den Neubau der Tankstelle. Heute findet man an gleicher Stelle einen Autohändler. Ganz besonders fällt die Oberleitung der Obusse ins Auge, die auch schon längst Geschichte ist.

Mit dem Ausbau der Friedrich-Ebert-Straße entstanden auch neue Einrichtungen. Hier sehen wir den Neubau der Tankstelle Ohletz etwa um 1965. Die Rheinhausenhalle an der Ecke zur Beethovenstraße steht noch nicht. Sie wurde erst im Jahr 1972 geplant. Am linken Bildrand erkennt man die Erlöserkirche.

Die Plantage Bendmann befand sich früher in Trompet und versorgte die Rheinhauser mit frischem Obst. Wilhelm Bendmann war auch Mitgründer des Reitervereins Ziethen. Die Plantage gibt es heute nicht mehr. Die Importe haben zugenommen und das Obst aus eigenem Anbau vor Ort war nicht mehr gefragt. Dennoch findet man auf dem Markt in Hochemmerich noch Bauern, die ihr frisches Obst vom Niederrhein anbieten.

In Trompet lag direkt am Bahnhof die „Fass und Bottichfabrik" von Friedrich Küppers. Der Blick geht um 1925 vom Bahnhof in Richtung Friedhof Trompet, dessen Kapelle rechts hervorlugt. Auf dem Gelände der Fabrik steht heute u.a. die Siedlung am Espenweg.

Mit der Expansion des Krupp'schen Hüttenwerkes und dem damit verbundenen Bevölkerungswachstum in den umliegenden Dörfern avancierte Hochemmerich zum Einzelhandelszentrum des örtlichen Einzelhandels. Um 1935 geht der Blick von der Charlottenstraße (heute Hans-Böckler-Straße) in die Friedrich-Alfred-Straße in Richtung Margarethensiedlung.

Noch heute bildet die Friedrich-Alfred-Straße einen Schwerpunkt für den Einzelhandel in Rheinhausen. Von der Einmündung der Annastraße (rechts) mit dem Haus Ettwig an der Ecke blicken wir in Richtung Krefelder Straße in die Friedrich-Alfred-Straße.

Im Jahr 1930 geht der Blick auf die Ecke Krefelder Straße / Friedrich-Alfred-Straße in Richtung Stüning-Kreuzung. Wir sehen das Herrenbekleidungshaus Fortmann und die Geschäftszeile bis zum alten Sparkassengebäude an der Ecke zur Georgstraße. Die im Zweiten Weltkrieg zerstörte „Fortmann Ecke" wurde 1953 wieder aufgebaut. Heute befindet sich hier die Fußgängerzone. Die Persil-Uhr an der anderen Straßenecke war ein beliebter Treffpunkt für junge Pärchen.

Das alte Dampfsägewerk von Disko an der Krefelder Straße ist schon lange Geschichte. Die alten Rheinhauser erinnern sich, dass bis in die 1920er-Jahre hinein das Holz auf dem Rhein geflößt und von dort nach Hochemmerich transportiert wurde. Die Mengen waren oft so groß, dass bis zu 200 Arbeiter nötig waren, um sie sicher an ihr Ziel zu bringen.

Blick in den Hof der Brauerei Rheingold Jakob Grossterlinden GmbH & Co. KG in Friemersheim. 1827 gegründet, war sie von Friedrich Grossterlinden in den 1880er-Jahren umgebaut und erweitert worden. 1890 wurde sie in Brauerei Jakob Grossterlinden umbenannt und erhielt 1925 den Zusatz „Rheingold". Links sind das Sudhaus und der Malzboden. Das Kesselhaus lag nach hinten raus. Rechts ist das Verwaltungsgebäude der Brauerei, die 1986 als Privatbrauerei Rheingold GmbH & Co. KG ihre Produktion einstellte.

Die Brennerei Lenzen und Co. in Werthausen war über die Grenzen Rheinhausens hinaus für ihre Erzeugnisse bekannt. Die abgefüllten Flaschen wurden hier für den Transport verpackt. Die Kunden kamen aus dem gesamten Reichsgebiet. So wurde sogar im fernen Königsberg mit einem Brand aus Rheinhausen angestoßen.

Wo in den Jahren des „Dritten Reiches" die Hitlerjugend in ihrem Heim an der Werthauser Straße die Abende verbrachte, befand sich nach dem Krieg die Strumpfwarenfabrik Rheina. Das Foto entstand im Oktober 1950. Viele der ehemaligen NS-Einrichtungen dienten nach dem Weltenbrand der Ansiedlung von Gewerbe. Zahlreiche Fabrikgebäude lagen in Trümmern.

Der „Georg Palast" auf der Georgstraße, hier im Januar 1953, war neben der „Lichtburg", dem „Capitol" und dem „Gloria" eines von vier Kinos entlang der Friedrich-Alfred-Straße. Bevor das Fernsehen Einzug in die Wohnstuben hielt, gehörte der Kinobesuch für viele Menschen zum wöchentlichen Programm dazu. Heute befindet sich hier eine Spielhalle.

Seit jeher zog auch in Rheinhausen der „Klüngelskerl" durch die Straßen und sammelte Alteisen. Insbesondere nach dem Krieg hatten diese Hochkonjunktur. Den Platz des Schrotthändlers Schwarz an der Heckhoffstraße, der heutigen Hochemmericher Straße, sehen wir hier im April 1953.

Das Kaufhaus Nerlich an der Ecke Friedrich-Alfred-Straße und Bertastraße (links) auf einer Ende April 1960 entstandenen Aufnahme. Es war das erste Kaufhaus in Rheinhausen mit Rolltreppe. Auf zwei Etagen wurde alles angeboten: Bekleidung, Strümpfe, Accessoires oder Kurzwaren. Weihnachten saß oben auf einem großen roten Stuhl der Weihnachtsmann und nahm die „bösen" Kinder ins Gebet. Später war hier das Möbelgeschäft „Westmöbel".

4

RHEINHAUSEN WIRD STADT

Der Hochemmericher Markt, hier um 1930, ist noch heute zweimal in der Woche der Dreh- und Angelpunkt für die Menschen aus Rheinhausen und Umgebung. Der um die Wende zum 20. Jahrhundert angelegte Wochenmarkt hat eine lange Tradition und ist gerade wegen des reichhaltigen Angebots an Frischeprodukten begehrt.

Blick im Oktober 1935 vom Rathausturm in Richtung Stadtmitte Hochemmerich. In der Bildmitte erkennt man hinter der Petrikirche die ab 1903 errichtete und nach Margarethe Krupp benannte Margarethensiedlung, die Arbeitersiedlung der Friedrich-Alfred-Hütte. Rechts ist das belgische Truppenlager mit der 1922/23 erbauten Exerzierhalle (rechts, Bildrand), die nach dem Abzug der Truppen Turn- und Festhalle war und 1944 zerstört wurde. Nach dem Wiederaufbau 1947 und einer grundlegenden Renovierung wurde sie 1952 als Stadttheater eröffnet und 1978 abgerissen.

Hier blicken wir noch einmal vom Rathausturm auf Hochemmerich. Die Aufnahme ist wesentlich früher, vermutlich in den 1920er Jahren entstanden, denn auf der Fläche im Vordergrund sind noch keine Häuser gebaut. Rechts ist gerade noch die Petrikirche zu erkennen und in der Bildmitte die Friedrich-Brücker-Schule. Im Vordergrund läuft die Schwarzenberger Straße quer durch das Bild und links ist die Ziegelei Stepken zu sehen.

Noch ein dritter Blick vom Rathausturm auf die Bahnhofstraße in Richtung Friemersheim. Diese glich damals einem besseren Feldweg. Hinten rechts ist die 1907 gebaute katholische Kirche St. Joseph in Friemersheim an der Kronprinzenstraße zu erkennen. Der Turm entstand zwischen 1914 und 1916. Im Hintergrund überragen die Schlote der Friedrich-Alfred-Hütte die noch freien Felder, auf denen später das „Musikerviertel" gebaut wurde.

Hier geht der Blick vom Turm der Petrikirche auf das Gelände zwischen dem alten Viehgaatweg und der Krefelder Straße, auf dem die Siedlungshäuser an der Bernhardstraße und Im Grünen Winkel im Rohbau zu erkennen sind. Links im Hintergrund liegt die Zeche Diergardt. In der Bildmitte dienen der Turm der Christuskirche und das Schulgebäude an der Haraldstraße als Orientierungspunkte.

Die Friedrich-Alfred-Straße in Hochemmerich hieß früher Mittelstraße. Wir blicken in Richtung Stüning-Kreuzung, wo weithin sichtbar der Turm der 893 erstmals erwähnten Christuskirche steht. Diese war dem Heiligen Petrus geweiht worden. Der heute noch existierende dreischiffige, gotische Backsteinbau stammt aus dem Jahr 1447. Rechts steht die ehemalige „Kersken Villa". Damals fuhr hier die Straßenbahnlinie 2 in Richtung Homberg und weiter nach Ruhrort.

Blick um 1910 in die Atroper Straße in Richtung Marktplatz. Noch nicht gebaut ist das Gebäude der „Central Drogerie". Rechts erkennt man die alte „Schürmann Villa". Dort steht heute das „Marktforum". Die Gebäude haben sich bis heute kaum verändert. In dem kleinen Häuschen links befand sich in den 1950er-Jahren das Geschäft Schnieders. Und viele Reinhauser erinnern sich gerne an die spätere Diskothek „Monpti" oder auch das Kaufhaus Bernhards.

Auf diesem Foto geht der Blick vom 1908 erbauten Wasserturm über die Schmiedestraße auf Bergheim mit der Alten Mühle. Links kommt die Jägerstraße ins Bild. Hinter der Mühle erkennt man die Impelmann-Kreuzung. Von dort zweigt nach rechts der Kreuzacker ab. Auch die hier erkennbaren Felder sind mittlerweile bebaut. Heute befindet sich an dieser Stelle die Siedlung zwischen Kahlacker und Höschenstraße.

Noch einmal geht der Blick vom Wasserturm nach Nordosten und entlang der Straße Auf dem Berg. Die Häuser, die wir vor 1929 in der Bildmitte sehen, stehen an der heutigen Hugostraße. Am linken Bildrand ist die Kreuzung Krefelder Straße / Schwarzenberger Straße / In den Peschen zu erkennen. Etwas links der Bildmitte steht das heutige Rathaus, damals noch Schulgebäude. Die neue Schule an der Schwarzenberger Straße ist noch nicht gebaut.

Um 1937 geht der Blick von der Bismarckstraße aus in die Friemersheimer Adolf-Hitler-Straße, wie die Walther-Rathenau-Straße im „Dritten Reich" hieß. Im Gegensatz zu anderen Städten hatte man in Rheinhausen nur eine kleine Seitenstraße nach dem „Führer" und damaligen Reichskanzler benannt.

Der Hindenburgpark (heute Volkspark), hier im Jahr 1939, war eine wunderschöne städtische Parkanlage, in der sich die Rheinhauser Bürger gerade an den Wochenenden gerne von den Alltagsmühen erholten. Die Stadtgärtner waren damals bemüht, dieses Refugium immer in einem gepflegten Zustand zu erhalten.

Im Jahr 1934 entstand das Foto im Park des 1912 bis 1914 erbauten Bertha-Krankenhauses. Für die Patienten hatte man damit eine kleine grüne Oase geschaffen, in der sie sich von ihrer Krankheit erholen konnten.

Die Kaiserstraße in Friemersheim wurde um 1918 auf dieser Postkarte festgehalten. Der Blick geht von der Einmündung der heutigen Windmühlenstraße in Richtung Friemersheimer Marktplatz. Das Eckgebäude mit dem markanten Turm an der Ecke zur Viktoriastraße fiel dem Betrachter sofort ins Auge. Es steht noch heute dort, hat aber sein Äußeres zu schlichter Form gewandelt.

Der Friedrichplatz, den wir auf dieser Postkarte von 1916 sehen, heißt heute Walther-Rathenau-Platz. Die Aufnahme zeigt den Blick in Richtung Bliersheim. Damals kehrte man noch in die Restauration „Zum alten Fritz" ein (rechts). Die Gaststätte gibt es heute zwar nicht mehr, doch die Gebäude auf diesem Foto sind noch hier zu finden. Lediglich das Transformatorenhäuschen auf dem Platz ist ebenfalls verschwunden.

Der Friedrichplatz mit Blick in die Friedrichstraße, um 1919. Auch diese alten Gebäude haben die Zeiten überdauert. Das Eckgrundstück wurde bebaut, Platz und Straße tragen heute den Namen von Walther Rathenau. Der liberale Politiker wurde im Jahr 1922 als Reichsaußenminister Opfer eines politisch motivierten Attentats der Organisation Consul.

Das Schwimmbad am Kruppsee in Friemersheim, das auf dieser Postkarte von 1930 zu sehen ist, entstand aus einem ehemaligen Baggerloch. Die Menschen hatte hier in den Sommermonaten eine sichere Alternative zum Baden in den unbeständigen Rheinfluten.

Im Juli 1938 wurden an der Jahnstraße die Neubauten von Einfamilienhäusern im Bild festgehalten. Die Schaffung von Wohneigentum war ein erklärtes Ziel der Nationalsozialisten. So entstanden auch im Stadtgebiet von Rheinhausen viele Neubausiedlungen.

Die etwa 200 Meter vom alten Fährhaus entfernte Deichstraße bei Hülsermann und Büte für in Hochemmerich zeigt dieses Foto aus den 1920er-Jahren. Hier befand sich in den 1950er-Jahren die erste Wäscherei von Rheinhausen.

Sehr schön sieht man auf diesem Bild vom Mai 1929 eine Partie am Damm und die Friemersheimer Straße. Im Hintergrund grüßt die alte Dorfkirche. Hier hat sich bis heute kaum etwas verändert – das Dorf Friemersheim steht aber in Gänze unter Denkmalschutz.

Die Postkarte von 1930 zeigt vier schöne Ansichten aus dem alten Rheinhausen. Wir blicken oben in die Friedrich-Alfred-Straße mit der im Dezember 1927 eröffneten Sparkasse und dem Volkspark (rechts daneben). Das Krupp-Hüttenwerk darf natürlich nicht fehlen wie auch die 1927 neu erbaute Eisenbahnbrücke.

Die Admiral-Graf-Spee-Brücke (Foto), wurde ab dem 12. Januar 1934 gebaut und am 22. Mai 1936 vom damaligen Reichsminister Joseph Goebbels für den Verkehr freigegeben. Die Gesamtbaukosten beliefen sich auf 6,75 Millionen Reichsmark. An den Auffahrten gab es „Brückengeldhäuschen": fünf Pfennige für alle Personen über 14 Jahren oder 75 Pfennige für einspännige Fuhrwerke. Ebenso wie die Eisenbahnbrücke wurde sie am 4. März 1945 von der Deutschen Wehrmacht gesprengt.

Hier sehen wir die Neue Rheinbrücke, die am 3. Juli 1950 für den Verkehr freigegeben wurde. Heute trägt sie in Erinnerung an den Arbeitskampf um den Erhalt des Krupp-Hüttenwerkes offiziell den Namen „Brücke der Solidarität".

Eine Totalansicht vom Dorf Rumeln zeigt diese um das Jahr 1905 entstandene Postkarte. Hundert Jahre zuvor schrieb im Jahr 1804 Johann Schmidt Folgendes in sein „Handbuch für Geschichte und Erdkunde": „Dieser Canton ist der schönste und romantischste von allem im Departement und wird auf jeden Reisenden, der ein wenig Freund der schönen Natur ist, den angenehmsten Eindruck machen." Rumeln lag in der 1794 gebildeten Bürgermeisterei Friemersheim. Erst am 1. Juli 1934 gab es eine Aufteilung des Amtes Rheinhausen in die Stadt Rheinhausen und das Amt Rumeln. Im Jahr darauf folgte der Zusammenschluss zu Rumeln-Kaldenhausen und 1950 die Namensänderung in Gemeinde Rumeln-Kaldenhausen.

Das erste Bürgermeisteramt in Hochemmerich befand sich im „Haus Altenschmidt" an der Asterlagerstraße 1. Das Bild zeigt (von rechts): Polizeisergeant Wilhelm Altenschmidt nebst Frau Gertrud, die Tochter Frau Friedrich (geb. Altenschmidt), Tochter Getrud Berns (geb. Altenschmidt), Herrn Sturm, später Konsum Mevissen, Sohn Gerhard Altenschmidt, später Sparkassendirektor.

Die Verwaltungsstelle Hochemmerich auf der Heckhoffstraße, heute Hochemmericher Straße, zeigt dieses Foto. Die Bediensteten hatten sich im Sonntagsstaat zum Foto aufgestellt. Hochemmerich war einer der alten Siedlungskerne der 1934 gebildeten Stadt Rheinhausen, die 1975 zum Duisburger Stadtbezirk Rheinhausen wurde.

Das Bürgermeisteramt Hochemmerich (links) und das evangelische Gemeindehaus an der Moerser Straße sehen wir auf diesem Foto von 1925. Später wurde das Gebäude als Schule genutzt. Durch den Zuzug tausender Menschen war es notwendig geworden, ein repräsentatives Gebäude zu finden, in dem die Gemeinde ihre Dienste anbieten konnte.

In Friemersheim gab es ein eigenes Bürgermeisteramt an der Kaiserstraße. Das äußere Erscheinungsbild hat sich bis 1945 nicht gewandelt.

Die Verwaltungsstelle Kaldenhausen befand sich bis 1927 in dem Haus ganz rechts. Für die Menschen im Dorf Kaldenhausen war es eine Erleichterung, ihre Angelegenheiten vor Ort erledigen zu können. Das Haus wurde 1976/77 abgebrochen.

Hier blicken wir um 1929 auf den Kreuzungsbereich Krefelder Straße, Duisburger Straße und Hochemmericher Straße (rechts). Im Haushaltswarengeschäft von Wilhelm Verrode (links) befand sich von 1904 bis 1906 das Postamt von Hochemmerich. Rechts erkennt man das seit 1898 in Familienbesitz befindliche „Restaurant Küppers", eines der ältesten Gasthäuser in Rheinhausen.

Einmündung der Asterlagerstraße in die Moerserstraße, um 1930. Links ist der Hof Stüning zu erkennen, der heute längst Geschichte ist. Die Straßenbahn bog hier in einem Schlenker zur Friedrich-Alfred-Straße ab. Rechts beginnt gerade der Durchbruch der Bahnhofstraße.

Die Trompeter-Straße im Morast. Der Blick geht in Richtung Bergheim. In der Bildmitte ist die Impelmann-Kreuzung zu erkennen. Links auf dem Feld entstand die Schule Langestraße. Man erkennt schön die beiden Bergheimer Mühlen: rechts die „Alte Mühle" aus dem Jahr 1794, und links die „Neue Mühle", die etwa dort stand, wo sich heute der Alfred-Hitz-Platz befindet.

Eine Schneelandschaft in Friemersheim zeigt die Schleusenstraße, die links zum Damm hinaufführt. Rechts, gleich hinter der Buche, führte ein Trampelpfad zur Peterstraße. In dem kleinen Haus rechts vorne wohnten „Panne Katrin" und ihr Bruder „Panne Schnüff". Das große Haus im Hintergrund ist die „Villa Emmi", ihr gegenüber lag, nicht mehr zu erkennen, das „Haus Rheineck".

Hier geht der Blick von der Sofienstraße in die Schulstraße Richtung Krefelder Straße. Das Bild entstand vor dem Bau der Krupp'schen Konsumanstalt auf dem freien Platz rechts. Links wurde später die Paulstraße angelegt.

Im Ersten Weltkrieg nahm Tillmann Börgartz die „Postaushelferinnen" Guthier, Strathmann, Schafft und Tegenthoff sowie den „Postschaffner" Rommerskirchen (von links) vor dem Kaiserlichen Postamt in der Hochemmericher Straße auf, das von 1908 bis 1969 bestand.

Das 1914 eingeweihte Bertha-Krankenhaus in der Maiblumenstraße. War es zunächst als Werkskrankenhaus für die Arbeiter der Krupp-Hütte gebaut worden, stand es später der gesamten Bevölkerung von Rheinhausen offen. Noch heute halten die alten Rheinhauser große Stücke auf die Ärzteschaft, wobei gerade der Name von Dr. Schamoni sehr oft fällt.

5

„DRITTES REICH"
UND ZWEITER WELTKRIEG

Am 1. Mai 1936 geht unser Blick in den Sitzungssaal des Rathauses von Rheinhausen. Die Zeichen des Nationalsozialismus fielen den Menschen sofort ins Auge und sollten diese bis zum bitteren Ende des „Dritten Reiches" begleiten, das sie letztendlich in Not und Verderben und einen unseligen Krieg führte.

Wie überall im Land fand auch in Rheinhausen die „Maifeier" gerade im Nationalsozialismus ihren Höhepunkt. Der zum „Tag der Arbeit" für die „Arbeiter der Stirn und der Faust", wie es im Jargon der Machthaber hieß, deklarierte Tag wurde mit entsprechendem Prunk und Pomp gefeiert. Die Kundgebung fand auf der großen Freifläche hinter dem Rathaus statt, auf die wir hier am 1. Mai 1935 schauen.

Ebenfalls am 1. Mai 1936 kamen in der von der Industrie geprägten Stadt wieder tausende Menschen zur Kundgebung am „Tag der Arbeit" zusammen und hörten die markigen Worte der Redner.

Zahllose Veranstaltungen brachten die Nationalsozialisten auf den Plan. Für Rheinhausen fanden diese meist in der „Festhalle" an der Schwarzenberger Straße, später Stadttheater, statt. Hier hatte man das Thema „Kampf dem Verderb" in den Mittelpunkt gestellt. Dies lässt das Jahr der Veranstaltung auf den Vorabend des Krieges datieren. Sparmaßnahmen und Appelle zum pfleglichen Umgang mit den Ressourcen gehörten fortan zum Alltag der Menschen in Rheinhausen.

Am 13. Januar 1934 wurde der erste Spatenstich zum Bau der Admiral-Graf-Spee-Brücke zwischen Rheinhausen und Duisburg Hochfeld gesetzt. Die Brückeneinweihung konnte am 25. Mai 1936 stattfinden. Das Foto zeigt links Graf Spee und rechts Duisburgs Bürgermeister Theodor Ellgering.

Im Jahr 1938 fand die Einweihung eines monumentalen Arbeiterdenkmals auf dem Gelände der Friedrich-Alfred-Hütte statt. Ein Ereignis, das nicht nur die Belegschaft der Hütte, sondern auch die Bevölkerung aus Rheinhausen zu Tausenden in das Werksgelände lockte. Auf einem Ehrenhain hatte man die überdimensionale Statue aufgestellt, die nunmehr ihrer Einweihung entgegensah.

Nachdem das Fahnentuch heruntergezogen war, brauste tosender Applaus auf, und die Übergabe an die Belegschaft wurde in feierlichem Rahmen vollzogen. Auch dieses Foto zeigt noch einmal deutlich die Größe der Statue, die nun weithin sichtbar den Arbeitern ein Denkmal setzte.

Neben Walter Lwowski (2.v.l., 1932–1946 Direktor der Friedrich-Alfred-Hütte, ab 1943 stellvertretendes Mitglied im Krupp Direktorium) stehen Gustav Krupp von Bohlen und Halbach (Mitte) sowie Bertha Krupp und Direktor Wilhelm Paul Fugmann (ganz rechts). Fugmann prägte auch das Sportleben in Friemersheim als Vorsitzender des 1912 gegründeten Sportvereins Borussia Friemersheim.

Das Ehepaar Krupp von Bohlen und Halbach legte natürlich an diesem Tag einen großen Ehrenkranz an dem neuen Denkmal nieder.

Mit der Machtergreifung der Nationalsozialisten begann eine bisher nicht vorhandene Form der staatlichen Wirtschaftslenkung, von der auch das Rheinhauser Hüttenwerk betroffen war. Bis zum Beginn des Zweiten Weltkrieges stiegen die Produktionszahlen auf ein bisher nicht bekanntes Ausmaß an. Beim Anstich eines neuen Hochofens im Januar 1938 sehen wir hier noch einmal Direktor Lwowski bei seiner Festrede.

Auch der damalige NSDAP-Kreisleiter von Moers, Dr. Karl Bubenzer, war auf dem Höhepunkt seiner Macht. Natürlich passten gerade solche Anlässe in das Bild, dass den wirtschaftlichen Aufbruch durch den Nationalsozialismus propagierte. Als Vierten von rechts erkennen wir Bürgermeister Arthur Kleinert, der dieses Amt vom 1. Oktober 1933 bis zum 19. Juli 1945 bekleidete.

Natürlich stand auch die Krupp-Lehrlingswerkstatt im Jahr 1938 ganz im Zeichen des Nationalsozialismus. Die Fahne der Machthaber fand man hier ebenso wie ein Bild des „Führers". Markige Sprüche waren zu lesen – sie hämmerten den Jungs zugleich die Ideologie der Nazis ein.

Auch nach der Ausbildung auf der Hütte ging es ganz im Sinne der „Bewegung" weiter. Selbst die Freizeit wurde von den Nationalsozialisten „gestaltet". Für die Jugendlichen aus Rheinhausen entstand an der Werthauser Straße ein eigenes HJ-Heim (Hitlerjugend), das wir auf dieser Aufnahme sehen.

"Hochbunker 11" Im Kirling war im Jahr 1942 noch im Bau. Das Dachgeschoss wurde mit einer drei Meter dicken, eisenarmierten Decke versehen. Rheinhausen hatte auch den Beinamen „Bunkerstadt des Reiches" erhalten, weil hier für jeden Bewohner ein Bunkerplatz vorhanden war.

Der Bunker an der Atroper Straße am Bahnhof Rheinhausen, hier im März 1944, war einer von elf Hochbunkern. Sie existieren zwar noch heute, mussten nach dem Krieg aber alle unbrauchbar gemacht werden. Da ein Abriss zu aufwendig war, hatte man sich darauf geeinigt, die Bunker zu entfestigen. Das bedeutete, dass Fenster in die bis zu zwei Meter dicken Außenwände gesprengt wurden, damit eine Nutzung als Bunker nicht mehr möglich war.

Während des Krieges wurdenH nachts auf den Schlackenhalden riesige Feuer entfacht, um anfliegende Bomberpiloten in die Irre zu führen. Ziel war es, dass sie ihre tödliche Fracht hier und nicht über dem Hüttenwerk abwarfen. Rheinhausen erhielt auch Bombentreffer von Angriffen, die eigentlich gegen andere Städte, besonders Duisburg, gerichtet waren. Das Foto zeigt die beschädigte Volksschule Im Kirling.

Nach der Ratsherrensitzung am 1. Juli 1944 hatten sich die Mitglieder des Stadtrates hier zum Foto aufgestellt. Leider gibt es keine Dokumente der Rheinhauser Stadtgeschichte, die Angaben zu Arisierungen, Verfolgung Andersdenkender und Beschäftigung von Zwangsarbeitern machen. Dieses ist jedoch allgemein für die Firma Krupp wie auch für die anderen großen Rüstungsbetriebe bekannt.

Am 5. März 1945 marschierten amerikanische Truppen in Rheinhausen ein. Entlang der Rheinschiene wurde schwere Artillerie aufgebaut und die Stadt Duisburg sechs Wochen lang über den Rhein beschossen. Hier sehen wir einen Beobachter des 561st Field Artillery Bataillon der US Army auf dem Bunker an der Hochfelder Straße, der den Geschützen ihre Schießbefehle gab. Der Blick geht über den Berthaplatz in Richtung Hochfeld.

Über die beschädigten Dächer der Rosastraße blicken wir auf den Stadtkern von Hochemmerich. Gerade noch 40.000 Menschen lebten am Kriegsende in Rheinhausen. 5.500 Wohngebäude waren mehr oder weniger schwer beschädigt, 4.982 Wohnungen waren unbenutzbar, davon 1.800 völlig zerstört, ebenso zwei Volksschulen, die Dampfziegelei und die evangelische Pfarrkirche in Friemersheim.

6

WIEDERAUFBAU UND NEUBAU DES STADTKERNS

Die erste Realschule in Rheinhausen nahm am 18. April 1958 ihren Unterricht auf. Sie stellte die erste und einzige Realschule in der damals selbstständigen Stadt Rheinhausen und im linksrheinischen Umfeld dar. Am Anfang fand der Unterricht noch nicht im jetzigen Schulgebäude statt, sondern in der damaligen Berufsschule an der Pestalozzistraße. 1959 wurde der Grundstein für den Neubau am Körnerplatz gelegt. Bereits am 27. Mai 1960 konnte das Richtfest gefeiert werden.

Am 13. Februar 1946 trat die noch von den alliierten Besatzern eingesetzte Stadtverordnetenversammlung erstmals zusammen. Im August 1951 standen an der Straße Auf dem Berg, Hugostraße, Martinstraße und Jakobstraße in Bergheim hölzerne Wohnbaracken. Im Hintergrund erkennt man schon die Neubauten der Siedlung, die für die zunehmende Schar an Flüchtlingen eine Heimstatt werden sollte. Neue Stadtteile wuchsen 1950 bis 1954 in den Baulücken zwischen Hochemmerich und Friemersheim. Insgesamt entstanden 3.600 Wohnungseinheiten im ganzen Stadtgebiet Rheinhausens.

Die Neubauarbeiten schritten schnell voran, denn es war dringend neuer Wohnraum nötig. Andre Sommer erinnert sich daran, dass an den Häusern Emailleplaketten hingen mit der Aufschrift: „Hier half der Marschallplan". Das 12,4-Milliarden-Dollar-Programm wurde am 3. April 1948 vom Kongress der Vereinigten Staaten verabschiedet und am selben Tag von US-Präsident Harry S. Truman in Kraft gesetzt.

Noch drei Jahre nach Kriegsende fand man im August 1948 an der Hochfelder Straße 16 solche Kellergeschosswohnungen. Die hygienischen Zustände waren nicht die allerbesten und machten das Leben nicht leicht. Ein Grund mehr, den Wiederaufbau schnell voranzubringen.

Im Februar 1950 verfolgen wir den Wiederaufbau der Straßenbrücke über den Rhein, die am 3. Juli 1950 für den Verkehr freigegeben wurde. An die Stelle der früheren Konstruktion trat nach einem Vorschlag der Firma Krupp Stahlbau Rheinhausen ein eleganter Stabbogen, der geradezu eine Filigranarbeit an Schönheit und Schwung darstellt. Während die frühere Brücke vierspurig war, bestand die Besatzungsbehörde auf einer Verringerung auf drei Fahrspuren, die seit einigen Jahren durch eine Ampelanlage unterschiedlich freigegeben werden können.

Die Kreuzung Major-Steinbach-Straße / Kronprinzenstraße / Kruppstraße im November 1953. Der Blick geht in die Kruppstraße in Richtung Bahnhof Friemersheim. Durch den Bau der Gaterwegbrücke hat sich das Bild hier völlig gewandelt. Alleine das Eckhaus links, heute „Restaurant Belweder", hat die Zeiten überstanden. Auch die Straßenbahn fährt schon lange nicht mehr hier entlang.

Im Juli 1950 entstand das Foto mit den Neubauten des Spar- und Bauvereins an der Hildegardstraße in Hochemmerich. Davor stehen der Architekt Heinrich Disko und Bauunternehmer Peter Prinzen.

Fertiggestellt wurde im Juni 1955 der Neubau des Kaufhauses Greven an der Ecke Krefelder Straße und Hochemmericher Straße. Die alten Häuschen verschwanden nach und nach und wichen den Neubauten der „Wirtschaftswunderjahre". Im Hintergrund erkennen wir den Hochemmericher Markt.

Im Jahr 1960 wurde mit dem Bau des Hallenbades an der Schwarzenberger Straße begonnen. Erst am 5. Juli 2012 wurde es endgültig geschlossen. Das neue Hallenbad am Toeppersee ist am 16. Juli 2010 offiziell durch Oberbürgermeister Adolf Sauerland eröffnet worden.

Am 5. Mai 1961 fand die Eröffnung des (alten) Hallenbades statt. Gerade einmal ein Jahr hatte der Bau gedauert. Die Menschen waren froh, endlich eine Alternative zum Baden im Rhein zu finden. Und dies natürlich auch ganz besonders in den Wintermonaten.

Der Blick geht um 1958 vom Rathausturm auf die Einmündung der Beethovenstraße in die alte Bahnhofstraße. Im Hintergrund sehen wir das „Musikerviertel", das noch nicht ganz ausgebaut ist. Die Neubauten reichen gerade bis zur Lortzingstraße. Noch bis Anfang der 1970er-Jahre waren im geplanten Bereich des neuen Stadtzentrums die Hauptstellen der Rheinhauser Stadtbücherei, die Stadtsparkasse, die Hauptpost und das Gesundheitsamt errichtet worden.

An der Ecke Franz-Schubert-Straße und Friedrich-Alfred-Straße begann 1959 der Bau der Krupp Krankenkasse. Hinter dem Neubau erkennt man die Dächer der Krupp'schen Margarethensiedlung, vorne das Paradebeispiel deutscher Automobilbaukunst der Nachkriegsjahre, den wohl erfolgreichsten Kleinwagen Lloyd LP 300 mit Zweitaktmotor und Sperrholzkarosserie mit Kunstlederbespannung – im Volksmund „Leukoplastbomber" genannt.

An der Krefelder Straße befand sich im Mai 1961 eine große Baubühne, die man extra zur Aufstockung des Zentralkaufhauses errichtet hatte, da man sonst die gesamte Krefelder Straße für Baufahrzeuge hätte absperren müssen.

Das Bevölkerungswachstum und die rege Bautätigkeit zwischen Hochemmerich und Friemersheim hatten es nötig gemacht, eine neue Gemeinde im Herzen von Rheinhausen zu schaffen. So konnte man am 22. April 1960 das Richtfest der Erlöserkirche an der Beethovenstraße feiern.

Bereits im August 1960 stand der Rohbau des neuen Kirchengebäudes. Es sollten aber noch einmal gut zwei Jahre vergehen, bis dieses seiner Bestimmung übergeben werden konnte. Heute dient das alte Kirchengebäude auch oft kulturellen Zwecken. Viele Konzerte, aber auch Karnevalsveranstaltungen finden hier statt.

Am 29. April 1962 konnte die Erlöserkirche in Rheinhausen endlich ihrer Bestimmung übergeben werden. Wir sehen das Kirchengebäude kurz nach seiner Fertigstellung: Auf der Wiese, wo hier die Schafe weiden, steht heute die Hauptpost von Rheinhausen.

Im August 1961 begann der Neubau der Friedrich-Ebert-Straße, die die alte, hier noch sehr gut zu erkennende Bahnhofstraße ersetzte. Etwa an dieser Stelle hatten die Stadtväter ein großes Stadttor geplant, das als mehrstöckiges Gebäude über die vierspurige Straße gebaut werden sollte. Die Träume platzten u.a. wegen der Eingemeindung nach Duisburg 1975. Hier stehen heute das Finanzamt Duisburg-West, eine katholische Familienbildungsstätte, ein Altenwohnungskomplex und ein Altenpflegeheim.

Weithin sichtbar zeigte hier im Jahr 1960 die Wohnungsbau Hüttenwerk Rheinhausen AG ihre Pläne für die Neubauten von Wohnhäusern an der Schwarzenberger Straße. Das Bauschild steht im Zugang zum alten Sportplatz an der Ecke zur Friedrich-Alfred-Straße.

Vorweihnachtliche Stimmung an der „Fortmann Ecke" vor dem Weihnachtsfest 1960. Nicht nur das Bekleidungshaus lockte mit seinen hell erleuchteten Schaufenstern, auch das Zentralkaufhaus an der Ecke Krefelder Straße und Friedrich-Alfred-Straße hatte sich festlich herausgeputzt und lockte die Menschen mit Geschenkideen für das Fest.

Die Straßenkreuzung Moerserstraße / Asterlagerstraße / Friedrich-Ebert-Straße sehen wir auf diesem Foto vom August 1962. Der Blick von der Asterlager Straße in die Friedrich-Ebert-Straße war noch frei und man erkennt das „Haus der Jugend".

Ebenfalls im August 1962 blicken wir vom Hochemmericher Markt auf die Ecke Krefelder Straße und Hochemmericher Straße mit dem neuen Kaufhaus Greven, dass der Eingangspforte zur Einkaufsstraße ein großstädtisches Entree gab.

Vor dem Ausbau und der Verlegung der Friedrich-Ebert-Straße entstand diese Foto kurz vor der Schwarzenberger Straße. Die alte Tankstelle Ohletz und das Vereinshaus sehen wir hier nach dem Abbruch des Saalbaues und der Schlosserei Biermann im April 1963.

Dieses Foto zeigt die neue Tankstelle Ohletz und die neue Friedrich-Ebert-Straße nach dem Ausbau um 1967. Das Bild hatte sich nicht nur grundsätzlich, sondern auch positiv verändert. Das neue Stadtzentrum trug diese Bezeichnung von nun an zu Recht.

Die Friedrich-Alfred-Straße zwischen dem alten „Gloria Palast" (rechts) und der Krefelder Straße (links) im Mai 1967. Einige der alten Kaufhäuser stehen bereits leer. Die Häuserzeile wurde im Jahr 1972 abgerissen. An ihrer Stelle entstand der Neubau der Kaufhalle.

Die alten Häuser an der Schwarzenberger Straße, kurz vor der Einmündung in die Friedrich-Ebert-Straße, die wir hinten rechts erkennen, wurden im Jahr 1966 abgebrochen. Dahinter sind die Neubauten bereits im Rohbau fertiggestellt.

Die „Fortmann Ecke" an der Krefelder Straße und Friedrich-Alfred-Straße kurz vor ihrem Abbruch im Oktober 1972. Die Nachbargebäude sind alle schon verschwunden. Gerade mit diesem Gebäude verschwand ein bekanntes Stück Rheinhauser Einzelhandelsgeschichte.

Eine Mehrfachansicht aus Rheinhausen mit dem Alpha-Haus an der Stormstraße, der St.-Peter-Kirche, dem Flamingoteich im Volkspark und der Krupp-Verwaltung zeigt diese Postkarte aus dem Jahr 1970. Mit dem Alpha-Haus, einem kleinen Komplex mit einem der ersten Ärztehäuser Westdeutschlands und verschiedenen Ladenlokalen, Apotheke und einer Gaststätte, entstand Mitte der 1960er-Jahre ein Zeichen für ein neues Zentrum in unmittelbarer Nähe zum Rathaus.

7

KIRCHEN UND SCHULEN

Aus heutiger Sicht glücklichen Umständen ist es zu verdanken, dass das als Gesamtbereich unter Denkmalsatzung gestellte Dorf Friemersheim weitgehend ursprünglich erhalten blieb und seinen Charakter bewahren konnte. Hierzu zählt vornehmlich die Dorfkirche (Foto um 1930), die urkundlich auf das Jahr 1147 zurückgeführt wird und seit 1558 evangelisch war. Der Turm wurde nach 1770 erbaut. Das heutige Erscheinungsbild des Bauwerks stammt aus dem 18. Jahrhundert, zur Ausstattung gehören ein spätgotischer Chor, ein Madonnenbild aus dem Jahr 1523 und 1870 eingesetzte, neogotische Fenster mit nachträglich eingefügten oberen romantischen Rundungen.

Die St.-Peter-Kirche in Schwarzenberg, um 1920 von der Schwarzenberger Straße aus gesehen. Am 14. Juni 1914 war der Grundstein gelegt worden – seitdem war die Kirche der Mittelpunkt der katholischen Gemeinde in Hochemmerich. Sie hat den unseligen Krieg mit leichten Schäden überstanden und fällt auch heute noch durch ihr markantes Äußeres ins Auge.

Einen schönen Blick in das Innere der Kirche ermöglicht dieses Foto von 1920. Die Gemeindemitglieder hatten durch großzügige Spenden zur aufwendigen Gestaltung ihren Obolus geleistet. Im Jahr 1984 wurde die alte Kirche einer grundlegenden Sanierung unterzogen.

Das alte evangelische Gemeindehaus von Hochemmerich an der Moerser Straße, um 1925. Es trägt heute den Namen Paul-Schneider-Haus und beherbergt das evangelische Gemeindeamt.

Die Grundsteinlegung der evangelischen Kirche in Rheinhausen Oestrum im Jahr 1929 zeigt dieses Foto. Es entstand ein Bauwerk auf dem Zenit der Moderne. Die Kirche war zuständig für die Bezirke Oestrum, Bergheim und Trompet. Von links sehen wir: Pfarrer Neinhaus, Superintendent Melchior, Pfarrer Schell, Architekt Grabert, Herrn Küttemann und Pfarrer Löhr.

Diese Aufnahme zeigt die evangelische Schule und das Gemeindehaus an der Friemersheimer Straße in Friemersheim mit der beachtlichen Friedenseiche. Das erste Schulhaus in Friemersheim war um 1800 erbaut worden.

Die 1904 erbaute katholische Volksschule an der Krefelder Straße auf einer Postkarte aus dem Jahr 1938. Seit der Reformation bis zum Jahr 1900 bestanden im Stadtgebiet Rheinhausen keine katholischen Schulen. Die katholischen Kinder besuchten entweder die evangelische Schule im Stadtgebiet oder die katholische Schule in Homberg.

Im Jahr 1876 erbaut, konnte die alte evangelische Schule 1926 ihr goldenes Hausjubiläum begehen. Die Schulkinder hatten sich hier zum Erinnerungsfoto für den Fotografen aufgestellt.

Das Richtfest am Neubau der Oberrealschule an der Schwarzenberger Straße zeigt diese Aufnahme. Die Eröffnung fand im Januar 1929 statt. Seit 1987 befindet sich in dem Gebäude das Kultur- und Freizeitzentrum Rheinhausen, kurz KFR. Über 50 Jahre wurden hier die Rheinhauser Kinder auf ihren Lebensweg vorbereitet.

Um 1929 entstand diese Aufnahme vom Neubau der Volksschule an der Langestraße, und zwar sehen wir die Rückansicht vom Schulhof aus. Durch den Neubau hatte Bergheim nun eine eigene katholische Schule. In Bergheim-Oestrum gab es bereits seit 1912 eine katholische Volksschule, zu der die Kinder bis zur Einweihung der neuen Schule immer einen langen Schulweg zurücklegen mussten.

Im Jahr 1906 wurde die evangelische Volksschule an der Krefelder Straße in Hochemmerich gebaut. Bereits 1871 gab es in der damaligen Bürgermeisterei Hochemmerich fünf evangelische Schulklassen. 1898 wurde die evangelische Volksschule Auf dem Pickert erbaut und im Jahr darauf die evangelische Schule an der Asterlager Straße.

8

VEREINE UND VEREINIGUNGEN

Handball stand seit jeher im Mittelpunkt des Rheinhauser Sportgeschehens. Im Mai 1924 gewann die Handballmannschaft 1. Rheinhausen gegen 1. Bergheim 2:1, was auf dieser Postkarte festgehalten wurde. In den Nachkriegsjahren war die Feldhandballmannschaft von Rheinhausen überregional bekannt und spielte in den oberen Ligen. In den 1990er-Jahren spielte der OSC Rheinhausen in der Handballbundesliga.

Auch heute wird in Rheinhausen die „fünfte Jahreszeit" im rheinischen Karneval ausgelassen gefeiert. Ein Urgestein im Rheinhauser Karneval war in den letzten Jahrzehnten Horst Schmitz, der diesem noch heute als Präsident der Karnevalsgesellschaft Blau-Silber Rheinhausen eng verbunden ist.

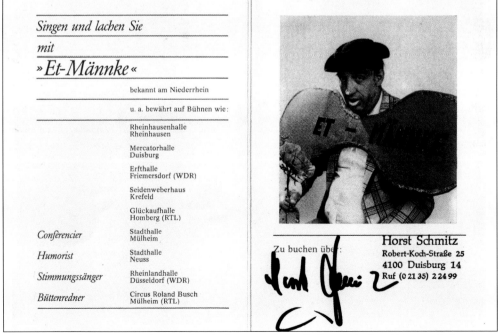

Als „Et Männke" zog er nicht nur durch die Festsäle und die närrischen Karnevalssitzungen in Rheinhausen, sondern war über die Grenzen der Stadt am ganzen Niederrhein bekannt.

Erich Wiesner aus Rheinhausen darf in diesem Buch ebenfalls nicht fehlen. Er ist der Vater der „Sioux Montana Ranch" in Friemersheim. Chief Erich „Fuzzy" Wiesner hat die alte Westernstadt 1960 gegründet und diese mit den Mitgliedern des Sioux Club Montana e.V. immer weiter ausgebaut. Leider wurde die mühsam aufgebaute Ranch im Jahr 2011 auf behördliche Anweisung geschlossen und das Lebenswerk des nunmehr über 80-Jährigen abgerissen.

Das Bundesbahn Sozialwerk BSW in Hohenbudberg hatte 1967 einen Kinderchor gegründet, den wir hier im September 1977 zum zehnjährigen Bestehen sehen. Das Jubiläum wurde ausgiebig gefeiert und zum Auftakt gab es Platzkonzerte auf verschiedenen Plätzen der Eisenbahnsiedlung.

1973 wurde dann das BSW Jugend Fanfarencorps unter Leitung von Ewald Peterson und Walter Erben gegründet, das eine große Bereicherung in der BSW Jugendarbeit darstellte. Wir sehen die jungen Musiker ebenfalls im Jubiläumsjahr 1977.

Die erfolgreiche Bundesliga-Billard-Mannschaft des Billardvereins „Gut Stoß" Friemersheim im Dezember 1979. Die Herren pflegten die hochherrschaftliche Sportart. Bereits ab Mitte des 16. Jahrhunderts war das Billardspiel an zahlreichen Königshäusern Europas etabliert und Bestandteil des Gesellschaftslebens.

Die Mandolinen Konzert Gesellschaft Rheinhausen hat sich um 1925 zum Erinnerungsfoto zusammengefunden. Auch in Rheinhausen erfreute sich die Mandoline im Laufe der Zeit einer immer größeren Beliebtheit. Ein wichtiger deutscher Komponist für Mandoline und Zupforchester des 20. Jahrhunderts war Konrad Wölki, dessen Stücke auch die Rheinhauser Musiker spielten. Wölki ist vor allem die musikwissenschaftliche Anerkennung der Mandoline und des Zupforchesters zu verdanken.

Die Turnerschaft Friemersheim Bliersheim beging ihre Fahnenweihe zu Ostern des Jahres 1905 in der „Gaststätte Olischäger" an der Ecke Reichsstraße und Schützenstraße in Friemersheim.

◀ 1963 hatten die Brüder Albert und Erwin Buchenthal in Rheinhausen das Fanfarencorps Schwarz-Weiß Rheinhausen 1963 e.V. gegründet. Es gab noch das Fanfarencorps Grün-Weiß Rheinhausen von 1968 und das Fanfarencorps DSB Rumeln von 1973. Schwarz-Weiß ging hinterher mit DSB Rumeln zusammen und wurde zur Musikvereinigung DU-West. Der Verein war 2012 Deutscher Meister in der Orchesterklasse.

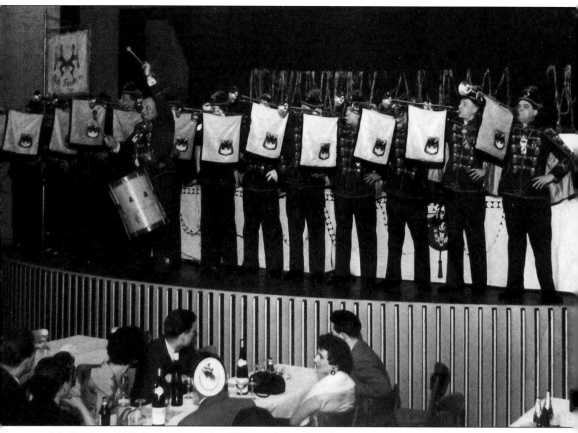

Noch einmal blicken wir auf den Karneval in Rheinhausen. Wir sehen den Fanfarenzug der KG „Rote Funken" aus Duisburg bei einem Auftritt in einer Karnevalsveranstaltung. Der Trommler ist Fritz Hesselmann, Karnevalsprinz 1970 und heute Schatzmeister im Prinzenclub Duisburg.

9

GASTSTÄTTEN UND KNEIPEN

Gaststätte Adolf Grafen, Rheinhausen

Adolf Grafen warb mit dieser Postkarte für seine Gaststätte mit schattigem Garten nebst Tanzfläche sowie einem großen und einem kleinen Saal. Das beliebte Ausflugslokal lockte nicht nur die Rheinhauser, sondern Gäste aus nah und fern. Auch auf dem Trottoir konnte man gemütlich in der Abendsonne sein Bier genießen, denn von Autoverkehr war damals noch nichts zu sehen.

Das 1887 erbaut „Restaurant Jägerhof" von Heinrich Bonert sehen wir hier um 1930. Es lag an der Ecke Kruppstraße zur Brückenstraße, heute Windmühlenstraße. Den Namen trug es bis 1954. Noch bis Januar 2013 befand sich hier der „Gasthof Brendel", der nun ebenfalls seine Pforten für immer geschlossen hat.

Die vor 1880 erbaute „Restauration Rheingold" im Dorf Friemersheim auf einem Foto von 1910. Der Name ist wohl der 1827 gegründeten, gleichnamigen Brauerei entlehnt. Diese wurde 1986 geschlossen. Noch heute ist über dem Eingang „Restauration Heinrich Schumacher" zu lesen.

Das „Hotel Fassbender", um 1906. Besitzer Johann Fassbender führte das Haus am Ortseingang zu Friemersheim. Auch die aufkommende Industrie sorgte für die entsprechende Frequentierung.

Die „Restauration Deutsches Haus" an der Ecke Atroper Straße / Bertastraße, hier um 1913, gab es noch bis zum Jahr 2012. Ein letztes Stück alter Rheinhauser Gaststättengeschichte ging somit nach über 100 Jahren zu Ende.

Gruss aus dem Restaurant von Heinr. Kaiser, Oestrum

Dieser Gruß aus dem Restaurant von Heinrich Kaiser in Oestrum stammt etwa aus dem Jahr 1890. Davor ist die noch junge Friedenseiche zu sehen. Die Radfahrer nutzten die Rast zur Erfrischung. Der „Jägerhof", der die Nachfolge antrat, macht nur noch auf, wenn ihn jemand für eine Feier anmietet. In besseren Tagen, so erinnern sich die alten Oestrumer, stand auch schon einmal ein Pferd oder ein Bulle mit an der Theke.

Die Restauration und Gartenwirtschaft von Arnold Grossterlinden in Friemersheim am Damm sehen wir um 1913. Es handelt sich um den 1810 errichteten „Bernhof", der als „Friemersheimer Dorfschenke" unter Hans-Joachim Wiese ab 1978 weithin bekannt wurde. Hier befand sich das kleinste „Programmkino" Deutschlands und seit dem 12. Oktober 1994 das bundesweit erste Internetcafé.

Das „Hotel Rosendahl" an der Ecke Hochemmericher Straße und Rheinstraße mit der daneben liegenden Post zeigt diese um 1925 entstandene Aufnahme.

Das Alte Fährhaus von 1791 steht unter Denkmalschutz und war seit Jahrzehnten ein beliebtes Ausflugsziel in der Region, bis es im April 2009 seinen Betrieb einstellte. Spaziergänger, die am Rheindeich Erholung und Entspannung suchten, aber auch Radfahrer, die ein Päuschen einlegen wollten, suchten diesen Treffpunkt im Frühling und im Sommer gerne auf. Abends unter klarem Sternenhimmel bot der Biergarten Verliebten ein ideales Plätzchen für ein Stelldichein.

An der Ecke Reichsstraße / Schützenstraße in Friemersheim befand sich früher die „Restauration zum Schützenhof" von Heinrich Olischläger. Auf dem Weg nach Uerdingen stand sie am Ortsausgang – die alten Frimersheimer kehrten hier gerne zum Dämmerschoppen ein.

Um 1920 blicken wir in den Saal der Gaststätte von Heinrich Portmann an der Deichstraße in Werthausen. Hier kamen die alten Rheinhauser am Wochenende zum Schwoof zusammen, viele Vereine fanden hier eine Heimstatt.

In dem beim Bau des Krupp-Werkes verschwundenen Örtchen Bliersheim stand die „Restauration zur Erholung" (auch „Platzen" genannt) gleich hinter dem Damm. Die ehemalige Gemeinde Bliersheim, die 1910 noch 2.135 Einwohner zählte, musste Anfang des letzten Jahrhunderts größtenteils den Friedrich-Krupp-Hüttenwerken weichen. Auch das alte Dorfgasthaus ging in den Werksanlagen unter.

Am Ende der Werthauser Straße in Hochemmerich stand früher die Restauration von Matthias Küpper. Die Gast- und Gartenwirtschaft lockte unweit der Eisenbahnbrücke mit ihrem schönen Garten und einer Veranda. Heute führt das Haus „Alte Rheinbrücke" die Tradition fort.

10

STRASSENBAHN, EISENBAHN UND BAHNHÖFE

Das Trajekt Rheinhausen-Hochfeld wurde von der Rheinischen Eisenbahn-Gesellschaft erbaut und am 23. August 1866 als Eisenbahnfähre in Betrieb genommen. In diesem Jahr entstand auch die Aufnahme. Es handelt sich hierbei wohl um eines der ältesten Fotos aus dem Stadtgebiet. Es zeigt die beladene Ponte am Rheinhauser Rheinufer mit Blick in Richtung Hochfeld.

Der Bau der Duisburg-Hochfelder Eisenbahnbrücke wurde am 29. Juli 1871 genehmigt und sofort begonnen. Das Foto entstand während der Bauarbeiten. Am 24. Dezember 1873 startete bereits der Güterzugverkehr. Personenwagen wurden noch bis zum 14. Januar 1874 trajektiert. Die zweite Rheinbrücke wurde direkt neben der alten zwischen 1925 und 1927 gebaut und am 13. Oktober 1927 dem Verkehr übergeben.

Eine seltene Aufnahme vom Aufgang zur ersten Eisenbahnbrücke nach Hochfeld auf der Rheinhauser Seite. Die beiden Zolltürme im Hintergrund stehen noch heute und sind ein letztes Zeugnis der Brücke, die 1927 nach dem Bau der neuen Brücke abgetragen wurde.

Den alten Bahnhof in Kaldenhausen sehen wir auf diesem Foto aus den 1920er-Jahren. Die im Zuge der Niederrheinstrecke geschaffene Verbindung von Rheinhausen nach Trompet und von dort weiter über Moers nach Kleve erwies sich als die wirtschaftlichere. Zwischen Trompet und Uerdingen wurde der Personenverkehr am 30. September 1961 eingestellt, der Güterverkehr folgte einen Tag später. Alle nicht mehr benötigten Gleisanlagen wurden demontiert. Der ehemalige Bahnhof Kaldenhausen wurde am 25. Mai 1961 stillgelegt und komplett abgetragen.

Um 1905 wurde hier der alte Bahnhof in Trompet mit dem Stationsgebäude im Bild festgehalten. Am 15. Oktober 1849 eröffnete bereits die Strecke von Homberg über Trompet, Kaldenhausen, Uerdingen und Crefeld bis Viersen. Der älteste Haltepunkt war der im gleichen Jahr eröffnete in Trompet. Das jetzige Gebäude entstand 1928 und hat das hier erkennbare abgelöst.

Auf diesem Foto, das vor 1920 entstand, sehen wir links das alte Stationsgebäude vom Friemersheimer Bahnhof an der Kruppstraße. Es wurde im Jahr 1873 errichtet und lag gegenüber der „Wirtschaft Fassbender", später Finkemeyer und Clören.

Über die Bahnsteige blicken wir auf das Bahnhofsgebäude in Friemersheim. Nach einer Erweiterung im Jahr 1894 wurde 1903 ein neues Gebäude gebaut. Dieses wird inzwischen nicht mehr genutzt und steht leer.

Der Regionalverkehr in Rheinhausen und Friemersheim war zunächst durch Eisenbahn und Straßenbahn ausschließlich schienengebunden. Auf der Postkarte passiert ein Straßenbahnwagen der 1908 gegründeten Straßenbahngesellschaft Homberg den 1903 erbauten Bahnhof Friemersheim. 1933 fusionierte die Gesellschaft mit der Straßenbahn Moers-Homberg GmbH. Im ersten Jahrzehnt des 20. Jahrhunderts machte die Ansiedlung der Zechen und Industriebetriebe den Bau erforderlich, da die Arbeiter an ihre Arbeitsstätten gebracht werden mussten.

Hier biegt ein Straßenbahnwagen von der Windmühlenstraße in Friemersheim in die Kaiserstraße ab. Von 1909 bis 1954 fuhr die Straßenbahnlinie 2 von Homberg über Hochemmerich bis nach Friemersheim.

In Höhe des Haltepunktes Bahnhof Ost gab es an der Friedrich-Alfred-Straße eine schmale Bahnunterführung, im Volksmund „Mausefalle" genannt. Sie lag direkt gegenüber Tor 1 der Krupp'schen Hütten- und Stahlwerke. Der Hinweis „Achtung Lebensgefahr" galt insbesondere für die Fußgänger. Man erkennt die Enge, die gerade beim Schichtwechsel hier herrschte, vor allem, wenn ein Straßenbahnzug die „Mausefalle" befuhr. 1954 wurde die Unterführung erweitert.

Die Straßenbahn wurde abgelöst von elektrisch betriebenen Oberleitungsbussen, die Rheinhausen über Homberg mit Moers verbanden. Den Betrieb der an Oberleitungen gebundenen Busse gab man Anfang der 1970er-Jahre auf. Das Foto vom August 1955 zeigt den Obus 106, der auf die Rückfahrt wartet. Dahinter ist ein Obus-Anhänger zu erkennen.

11
EREIGNISSE UND BEGEBENHEITEN

Am 25. Januar 1891 hielt der Fotograf den Eisgang auf dem Rhein bei Bliersheim fest. Ein Ereignis, das die Menschen am Rhein danach nur noch zweimal erlebten. Vom 14. Februar bis zum 4. März 1929 hatte der Winter den Fluss über Wochen mit Dauertemperaturen um minus 22 Grad, in einer Nacht wurden sogar minus 40 Grad gemessen, fest im Griff. Zuletzt trieben im Januar und Februar 1963 Eisschollen auf dem Rhein.

In einem großen Festzug zogen am 1. Juli 1934 anlässlich der Stadtwerdung die städtischen Mitarbeiter und die Parteiorganisationen durch die Stadt, der durch Erlass des preußischen Innenministers Wilhelm Frick vom 20. Juni des Jahres die Stadtrechte verliehen worden waren. Die Stadt gehörte zum Kreis Moers. Rumeln und Kaldenhausen bildeten eine eigene Gemeinde.

Noch einmal der Festzug auf der Krefelder Straße. Die Feierlichkeiten zur Stadtwerdung waren stark von nationalsozialistischer Propaganda durchsetzt; die Stadt wurde als „Jüngste Stadt im Dritten Reich" gefeiert.

Badefreuden am Rhein, um 1930. Die Rheinhauser fanden seit jeher in den Sommermonaten den Weg an das Rheinufer, um in den kühlen Fluten des Flusses ihre Erfrischung zu finden. Im Hintergrund sieht man die 1927 neu eröffnete Eisenbahnbrücke. Mit den Jahren wurde das Badevergnügen allerdings zu gefährlich. Durch den Neubau von Frei- und Hallenbädern konnten sich die Menschen in sicheren Badegewässern tummeln.

In der Feierstunde zur Einweihung der Erweiterung des Bertha-Krankenhauses in Rheinhausen am 29. Mai 1938 sehen wir vorne von links: Frau Bertha Krupp, Gustav Krupp von Bohlen und Halbach, Direktor Lwowski und den Chefarzt des Krankenhauses Dr. Schamoni.

Vom 8. bis 16. Oktober 1949 fand in Rheinhausen in und um die Stadthalle an der Schwarzenberger Straße eine Gewerbeausstellung statt, in der die neuesten Errungenschaften und Produkte vorgestellt wurden. Sofort fallen die Dreirad Lieferwagen GD 750 der Firma Goliath ins Auge. Im September des Jahres war die Goliath-Werk G.m.b.H. als eigenständige Firma der Borgward Gruppe gegründet worden.

Eine schöne Erinnerung an das Kinderschützenfest in Asterlagen zu Beginn der 1950er-Jahre birgt dieses Foto. Das ganze Dorf war auf den Beinen und die Kleinen hatten sichtlich ihren Spaß. Diese alte Tradition gibt es heute leider nicht mehr. Das Freizeitverhalten der Jugend hat sich nicht immer unbedingt zum Vorteil gewandelt.

Im Februar 1950 sehen wir eine Warteschlange an der Werthauser Fähre nach Hochfeld. Durch den Bau der neuen Admiral-Graf-Spee-Brücke wurde die erste Fähre im Mai 1936 nicht mehr benötigt. Wegen der kriegsbedingten Zerstörung der Brücke im Jahr 1945 setzte die Firma van Holt & Fleck, Homburg wieder eine temporäre Motorwagenfähre ein. Die endgültige Stilllegung folgte am 3. Juli 1950 um 13 Uhr.

Am 14. September 1978 besuchte der syrische Staatspräsident Hafiz al-Assad (Bildmitte) das Hüttenwerk in Rheinhausen. Hier sehen wir ihn auf dem Weg vom Hubschrauber-Landeplatz mit Vorstandsmitglied Direktor Dr. Kunz (mit Helm) am Krupp-Werkshafen. Am 8. Februar 1978 war Assad bei einem Referendum für weitere sieben Jahre gewählt worden.

1987 erfuhr Rheinhausen durch den Widerstand gegen die Schließung des Krupp-Stahlwerks große Medienpräsenz. Am 10. Dezember 1987 besetzten Krupp-Arbeiter die Rheinbrücke – rund 100.000 Stahlarbeiter und Bergleute im gesamten Ruhrgebiet streikten ebenfalls. Sie blockierten die Autobahnen und legten den gesamten Verkehr im westlichen Ruhrgebiet lahm. Eine Reihe großer Demonstrationen gegen die Schließung des Hüttenwerks folgten, monatelange Mahnwachen begleiteten diesen Arbeitskampf eines ganzen Stadtteils. Am 20. Februar 1988 fand im alten Krupp-Walzwerk das mit über 47.000 Teilnehmern bis dahin größte Hallenfestival Europas unter dem Motto „Auf Ruhr" statt. Rheinhausen wurde zum Synonym für Stahlkrise. Die Rheinbrücke Rheinhausen–Hochfeld wurde in „Brücke der Solidarität" umbenannt, ein Name, der heute von der Stadt Duisburg offiziell übernommen wurde. Trotz aller Proteste endete am 15. August 1993 mit der endgültigen Schließung des Krupp-Hüttenwerkes eine fast hundertjährige Industriegeschichte.

BÜCHER AUS DUISBURG

Duisburg. Alte Gaststätten und Cafés
Zeitzeugenbörse Duisburg e.V.
ISBN: 978-3-86680-951-2 | 18,95 € [D]

Duisburg-Duissern
Zeitzeugenbörse Duisburg e.V.
ISBN: 978-3-95400-069-2 | 18,95 € [D]

Duisburg-Großenbaum und -Rahm
Zeitzeugenbörse Duisburg e.V.
ISBN: 978-3-86680-787-7 | 18,95 € [D]

Duisburg-Wahnheimerort
Joachim Schneider
ISBN: 978-3-86680-912-3 | 18,95 € [D]

Duisburg-Wahnheimerort
Neue Bilder aus alter Zeit
Joachim Schneider
ISBN: 978-3-95400-120-0 | 18,95 € [D]

Zeitsprünge Alt-Duisburg
Zeitzeugenbörse Duisburg e.V.
ISBN: 978-3-95400-169-9 | 18,95 € [D]

Weitere Bücher aus Ihrer Region finden Sie unter:
www.suttonverlag.de

 Wir machen Geschichte